第三套国际武术竞赛套路

长 拳

国际武术联合会 审定

INTERNATIONAL WUSHU FEDERATION

武

人民体育出版社

图书在版编目（CIP）数据

长拳 / 国际武术联合会审定. -- 北京：人民体育出版社, 2013 (2024.5重印)
（第三套国际武术竞赛套路）
ISBN 978-7-5009-4430-0

Ⅰ. ①长… Ⅱ. ①国… Ⅲ. ①长拳—套路（武术）Ⅳ. ①G852.121.9

中国版本图书馆CIP数据核字(2013)第023641号

*
人民体育出版社出版发行
三河兴达印务有限公司印刷
新 华 书 店 经 销
*
850×1168 32开本 5印张 110千字
2013年6月第1版 2024年5月第5次印刷
印数：9,001—11,000册
*
ISBN 978-7-5009-4430-0
定价：21.00元

社址：北京市东城区体育馆路8号（天坛公园东门）
电话：67151482（发行部） 邮编：100061
传真：67151483 邮购：67118491
网址：www.psphpress.com
（购买本社图书，如遇有缺损页可与邮购部联系）

《第三套国际武术竞赛套路》编委会

名 誉 主 任：于再清

名誉副主任：高小军

主　　　编：王玉龙　徐伟军

副　主　编：李小杰

编　　　委（以姓氏笔画为序）：

王二平　田　勇　代林彬

孙建明　吕小林　刘广齐

何　强　杨小华

李英奎（本书执笔者）

周丽娟　翁敦风　高楚兰

黄建刚　曾铁明　魏丹彤

前　言

为了更好地普及和推广武术运动，提高运动技术水平，针对当前国际武术运动技术发展的现状，我们受国际武术联合会委托于2011年12月在中国广州组织创编了第三套国际武术竞赛套路。

第三套国际武术竞赛套路包括长拳、刀术、棍术、剑术、枪术、太极拳、太极剑、南拳、南刀、南棍。共有来自中国、美国、日本、马来西亚、中国澳门等国家和地区的15名教练员、裁判员及专家参与了创编工作。在创编过程中，参阅了大量的文献资料，听取了各方面的意见，认真总结了第一套、第二套国际武术竞赛套路的经验。按照遵循武术套路运动规律，突出项目风格特点，引领技术发展方向的原则集体创编而成。

编　者

目　录

一、长拳套路简介

长拳是武术套路竞赛的基础性项目，在日常训练中备受广大教练员和运动员的重视。新编第三套国际武术竞赛套路——长拳，是在吸取了查拳、滑拳、炮拳、华拳等传统拳种经典动作的基础上，严格遵循武术套路运动技术的发展规律创编而成。

该套路内容丰富，编排设计合理，组合形式多变，难度适中。全套动作布局巧妙，连接顺畅，起伏转折，动迅静定，极具竞技性和观赏性，充分体现了长拳动作舒展大方、快速有力、灵活多变、窜蹦跳跃和节奏鲜明的运动特点。

二、长拳套路动作名称

预备势

第一段

1. 虚步亮掌
2. 上步对拳
3. 弓步撩推掌
4. 弹腿击掌
5. 后点步冲拳
6. 歇步挑掌
7. 并步冲拳
8. 腾空摆莲 360°
9. 并步拍地
10. 单拍脚
11. 提膝跳冲拳
12. 腾空飞脚
13. 侧空翻
14. 旋风脚 360°
15. 跌竖叉

第二段

16. 盖步冲拳
17. 单拍脚
18. 侧踹腿
19. 抡臂拍地
20. 震脚按掌
21. 弓步冲拳
22. 横裆步亮掌
23. 踢腿撩掌
24. 跳提膝钩手推掌
25. 腾空箭弹
26. 插步双摆掌
27. 弓步钩手推掌
28. 跳转身仆步切掌
29. 弓步架冲拳
30. 弓步贯拳
31. 后扫腿

32. 仆步亮掌

第三段

33. 正踢腿
34. 燕势平衡
35. 弓步十字拳
36. 弓步左冲拳
37. 提膝挑掌
38. 弧形步
39. 扣腿双摆掌
40. 击步劈打
41. 弓步靠掌
42. 弓步双钩手
43. 垫步蹬腿
44. 弓步劈拳
45. 马步托打
46. 插步抓肩
47. 马步架打

第四段

48. 提膝架掌
49. 提膝冲拳
50. 旋子
51. 坐盘
52. 外摆腿击响
53. 打虎势
54. 弓步顶肘
55. 抡臂砸拳
56. 虚步挑掌
57. 转身云手
58. 并步摆拳
59. 收势

三、长拳套路动作图解

注：动作图解中，实线（——►）表示下一动作右手、右脚的运动路线，虚线（-----►）表示下一动作左手、左脚的运动路线。

预备势

两脚并步站立，脚尖向前；两臂垂于身体两侧，两手成掌自然贴靠腿外侧；眼向前平视。（图1）

图 1

要点：

头正颈直，下颌微收，挺胸、收腹、塌腰、夹腿。

第一段

1. 虚步亮掌

(1) 接上势，右脚向右后方撤步，左腿微屈；同时，右掌经体侧向胸前上方划弧砍掌，掌心向上；左臂屈肘，左掌提至腰侧，掌心向上；目视右掌。（图 2）

图 2

(2) 重心后移，右腿屈蹲；左脚尖点地，成左虚步；同时，左掌经胸前从右臂上方向前上弧线穿出伸直，右掌收至腰侧，掌心均向上；随即左臂内旋经左侧向后下方划弧成钩手，钩尖向上，右手继续向后、向右、向前上划弧于头前上方屈肘抖腕成亮掌（即横掌），掌心向上；目视左方。（图 3）

图 3

要点：

肩松腰活，动作连贯，两手路线走圆。虚步重心落于右腿，右大腿与地面平行，上体保持正直。

2. 上步对拳

⑴ 接上势，右脚蹬地，重心前移，左脚向左前上步；同时，左钩手变掌，右掌下落，两掌向前撩出，两臂斜下，两掌心向前上；目视前方。(图 4)

⑵ 右脚向右前上步，重心偏右；同时，两掌收经腹前向左右两侧弧形分开。(图 5)

图 4

图 5

（3）左脚向右脚并步，两腿直立；同时，两手握拳继续弧形向里绕举于腹前，拳心均向下，两拳之间约两拳距离；目视左方。（图 6）

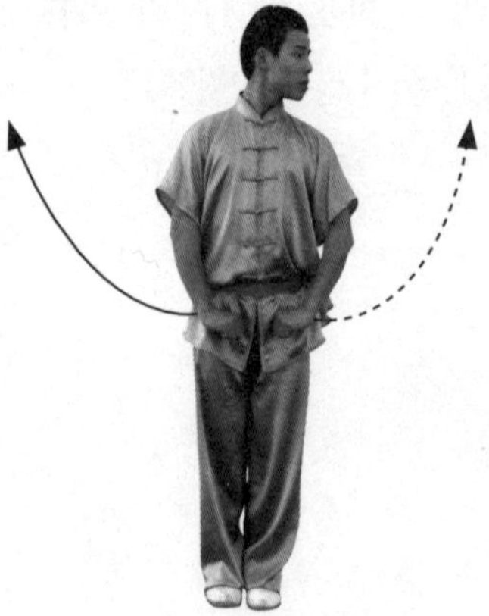

图 6

要点：

步法灵敏，手法敏捷，快慢相间，动静分明，上下配合要完整一致。

图 7

3. 弓步撩推掌

(1) 接上势，左腿屈膝提起，右腿自然伸直；同时，两拳变掌，右掌向右后下方摆举；左臂外旋，左掌向前上方托举，掌心向上；目视左前方。(图 7)

⑵ 左掌继续向前上方托举；左脚向左前方落地，两腿屈膝下蹲，成马步；同时，左臂内旋回屈，左手虎口向内按于左膝上方，左肘外撑；目视左前方。（图 8、图 9）

图 8

图 9

（3）上体左转，重心左移；左腿屈膝前弓，成左弓步；同时，右手由后向下、向前弧形撩举，手心向左，手指向前；目视前方。（图 10）

（4）上体右转，重心右移；右腿屈膝，成马步；同时，右手经上回屈于右腰侧，左手姿势不变；目视右手。（图 11）

图 10

图 11

（5）右腿蹬伸，左腿屈膝前弓，成左弓步；上体左转；同时，右掌随转体向前推击，掌指高与肩平，力达小指一侧；目视前方。（图 12）

图 12

要点：

动作用力顺达，上下肢协调，缓而不松，力点准确。

4. 弹腿击掌

接上势，右掌外旋叼手成拳；随即左腿蹬伸，重心前移，右腿屈膝提起，小腿迅速向前弹踢，右腿伸直与腰平，脚面绷平；同时，右拳收于腰间，拳心向上；左掌向前推击，手指向上，力达小指一侧；目视前方。（图 13、图 14）

图 13

图 14

要点：

手法敏捷，力点准确。弹腿、击掌上下配合，协调一致。

5. 后点步冲拳

接上势，右脚向后落地，前脚掌着地；同时，左手握拳收于腰间，拳心向上；右拳向前冲出，拳眼向上，力达拳面；目视前方。（图 15）

图 15

要点：

撤步轻灵，冲拳迅速，力点准确。

图 16

6. 歇步挑掌

（1）接上势，重心后移，左脚向左撤步，身体右移；同时，左拳变掌迅速向左前上方砍出，右拳收至右腰间；目视左掌。（图 16）

(2) 右腿蹬伸抬起，重心左移，右脚向左腿后落步，两腿交叉屈膝下蹲，成左歇步；同时，右拳变掌向右前弧形上挑，回收腰间变拳，拳心向上；左手先收至腰后再由下向前弧形挑掌，力达小指一侧；目视左前方。(图 17、图 18)

图 17

图 18

要点：

手法清晰、敏捷，刚柔相济，动迅静定，起伏转折协调一致。

7. 并步冲拳

接上势，两脚蹬地，身体直立，左脚向左前上一步，右脚向左脚迅速并拢；同时，右拳向前冲击，拳眼向上，力达拳面；左掌附于右肘内侧，掌指向上，掌心向里，左肘尖下垂；上体微前倾；目视前方。（图 19、图 20）

图 19

图 20

要点：

步法灵敏，并步快速，身体微前倾，冲拳力点准确，形神兼备。

8. 腾空摆莲 360°

（1）接上势，身体右转；左脚向右前方上步，脚尖微内扣，右脚向右弧形上步；同时，两臂分别向左右两侧下摆。（图 21、图 22）

图 21

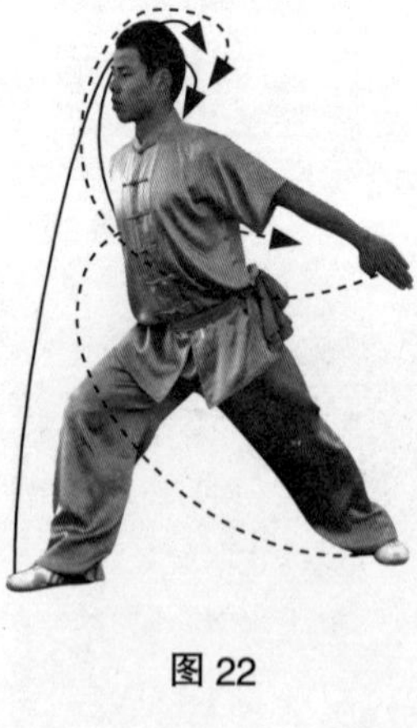

图 22

(2) 右脚蹬地向上跳起腾空，身体在空中向右后转 360°，左腿向右前上方直腿摆起，右腿向左上摆起经面前向右外摆；同时，两臂上摆至头上方，左右掌依次击拍右脚面；目视右脚。（图 23）

图 23

要点：

助跑起跳迅速，腾空高，幅度大。空中击响腿脚尖过肩，击拍准确。

9. 并步拍地

接上势，左右脚同时落地，两腿屈蹲；同时，两掌由上向下击拍地面；目视两掌。（图 24）

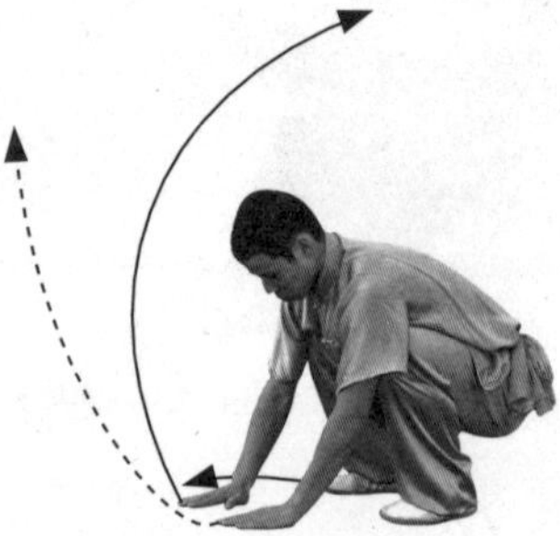

图 24

要点：

落地全蹲，屈肘下拍，短促有力。

10. 单拍脚

⑴ 接上势，重心上升；两腿直立，右脚向前方上步；同时，两臂向前后分开上摆；头向右转，目视右后方。（图 25）

⑵ 左脚向右脚前上步；同时，左臂向上、向后摆至头左上方，右臂经下向前、向上摆起至头右上方；目视前方。（图 26）

图 25

图 26

（3）重心移至左腿，右脚向前上方摆起；同时，两臂向头前上方，右掌背拍击左掌心，随即右掌心拍击右脚面；目视拍击方向。（图 27）

图 27

要点：

上步、抡臂协调一致。支撑腿全脚着地，击拍脚过肩，击响准确。

11. 提膝跳冲拳

（1）接上势，右脚落地，两臂前后下落；随即左脚上步，上身左转；同时，左掌变拳收抱于左腰侧，拳心向上；右掌向后、向下经体右侧向前撩掌，掌心向左；目视右掌。（图 28、图 29）

图 28

图 29

（2）右脚向前上步蹬地跳起腾空，左腿提膝收于腹前；同时，左拳变掌向前撩出，随即左掌内旋向头左上方架掌，左臂撑圆上举，掌心向上；右拳向右直臂冲出，高与肩平；目视右方。（图 30、图 31）

图 30

图 31

要点：

身体中正，腾空展体，动作连贯，协调一致。

12. 腾空飞脚

（1）接上势，右脚落地支撑，右腿屈膝半蹲；同时，右拳变掌，两掌由上向下摆至胸前交叉；随即身体左转，左脚向前上步；两臂下落经腹前分别向前后上方直臂摆起，立掌；目视前方。（图 32、图 33）

图 32

图 33

(2) 右脚向前上步，蹬地向上跳起腾空，左腿向前上摆起，屈膝收回；同时，两臂依次向上、向后立圆摆动至头前上方，右掌背拍击左掌心；随即右腿向前上弹出，右掌拍击右脚面；目视前方。(图 34、图 35)

图 35

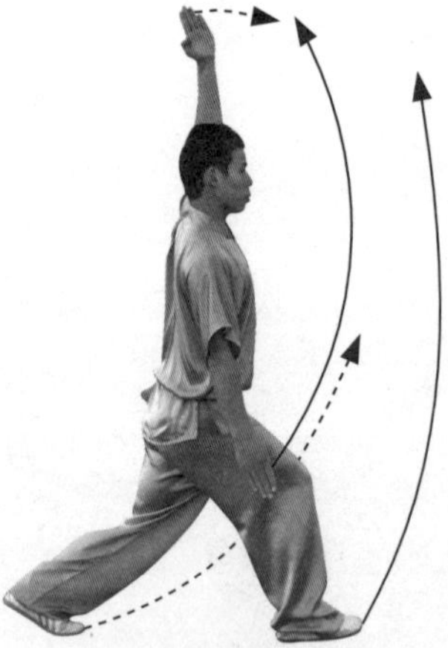

图 34

要点：

腾空后右腿前上弹击响腿脚尖过肩，左腿提膝收于腹前。空中立身击掌、拍脚迅速准确。

13. 侧空翻

接上势，右脚落地，左脚上步蹬地，右腿向后、向上摆起，身体前屈，两腿在空中分开（在空中做向左侧翻动作），随即右脚落地；目视右下方。（图 36—图 38）

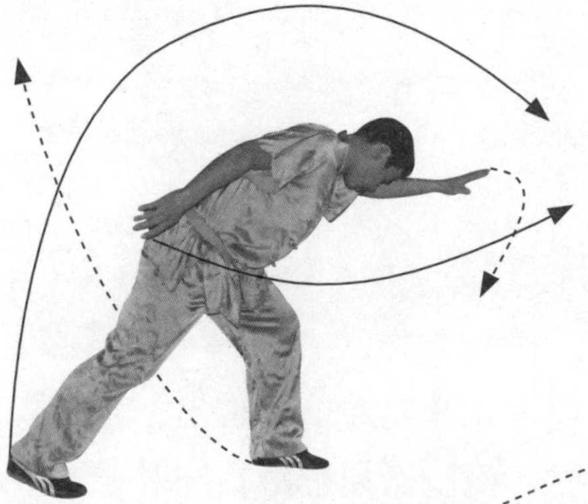

图 36

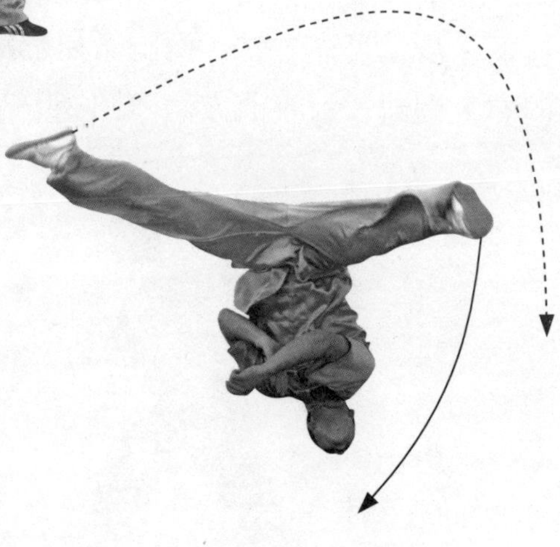

图 37

图 38

要点：

空中两腿伸直、依次迅速摆腿，翻转要快，腾空高、飘。

14. 旋风脚 360°

（1）接上势，上体立起左转，左脚向前落步；右手握拳收至右腰侧，左掌向左前方推出；右左脚连上 3 步，身体左转，两腿微屈下蹲；同时，两臂向右上摆起；目视前方。（图 39—图 42）

图 39

图 40

图 41

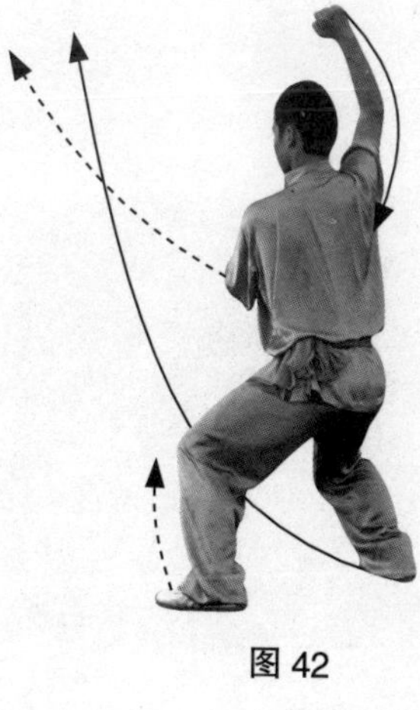

图 42

(2) 右脚蹬地跳起，左腿向左上方摆动，在空中右腿里合；左手在头前迎击右脚前脚掌；身体左后旋转 360°。(图 43)

图 43

要点：

空中身体中正，击响腿脚过肩，立身旋转，击拍准确。

15. 跌竖叉

接上势，两腿一齐前后分开落地，成竖叉，左脚尖勾起在前，右腿伸直、脚面绷平在后；同时，两掌在身体左右两侧立掌伸出；目视右掌前方。(图 44)

图 44

要点：

两腿同时落地时上体塌腰前倾，前脚掌向内勾收，后腿伸直。

第二段

16. 盖步冲拳

（1）接上势，两脚蹬地起身，随即左脚上步，两腿屈膝半蹲；同时，两臂屈肘内收，两掌交叉至于胸前，掌心向上；目视前方。（图45、图 46）

图 45

图 46

⑵ 左腿伸直，身体左转；右脚经体前向左侧盖步落地，脚尖微外展，右腿屈膝半蹲；同时，左掌向前经右向左后划弧经左腰侧向右前摆至右肩前，掌心向右，指尖向上；右掌向右后划弧经右腰侧变拳向右前冲出，拳眼向上，高与肩平；目视右拳。（图 47、图 48）

图 47

图 48

要点：

分掌盖步协调，动作开合缓而不松。

17. 单拍脚

(1) 接上势，身体左转，左脚向前上步；同时，右拳变掌；左掌向下经腹前向上摆起，虎口向上，指尖向前；头向左转，目视左掌。(图 49)

(2) 右脚向前上步；同时，左臂向前上摆至头部前上方，掌心向前，指尖向上；右臂下摆；目视前方。(图 50)

图 49

图 50

⑶ 左脚向前上步；同时，右臂由下向前上摆起，在头前上方，右掌背拍击左掌心；目视前方。（图 51）

⑷ 左腿支撑，右腿伸直，脚面绷平向前上方摆起；右脚摆至面前时，右掌心拍击右脚面；左臂上摆，掌心斜向前；目视右脚。（图 52）

图 51

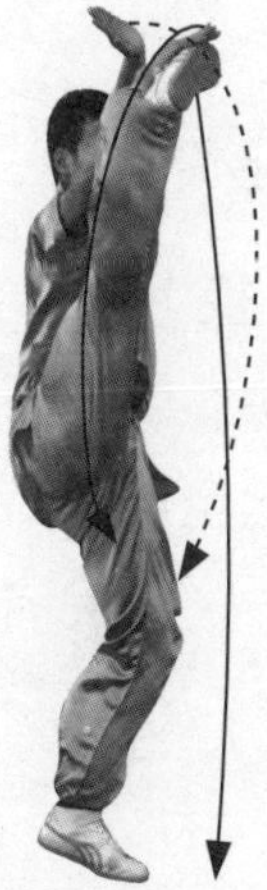

图 52

要点：

上步迅速，击响腿脚部过肩，击拍准确。

图 53

18. 侧踹腿

(1) 接上势，身体右转；右脚经左脚前向左落地，脚尖外展，屈膝半蹲；同时，两臂向下在腹前交叉上摆至胸前成十字掌，右掌在外，左掌在内，掌心向外，指尖向上；目视前方。（图 53）

(2) 重心移至右腿并伸直独立支撑，上体向右侧倾；左腿由左侧屈膝向上抬起，勾脚尖向左侧上方蹬出，脚高于腰；同时，两臂由屈到伸，两掌向左右两侧推出，掌心向外，高与肩平；目视左脚。(图 54)

图 54

要点：

支撑腿直立，展胯向左侧挺膝踹出与双分掌完整一致。

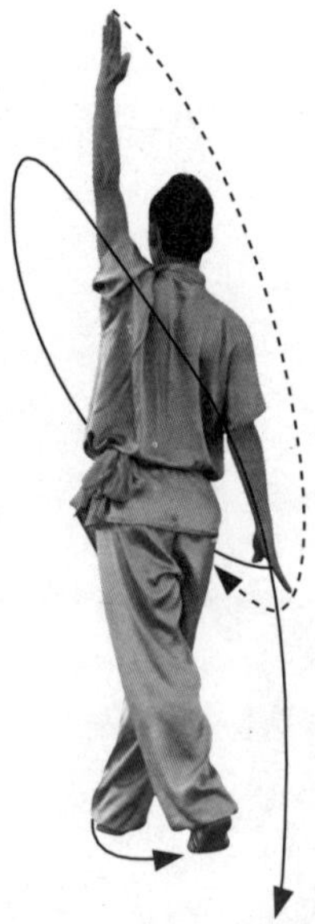

图 55

19. 抡臂拍地

（1）接上势，重心右上移，身体右转；同时，左脚向后方落步；随即右臂下摆至右侧下方，左臂向下经体前向上摆至头左上方；目视前方。（图 55）

⑵ 身体左转；右脚上步，两腿平行，屈膝全蹲；同时，左臂向下、向后上方摆起，左掌变成钩手，钩尖向上；右臂由下向上、向前下拍地，掌心向下；目视右掌。（图 56）

图 56

要点：

落步、转体、屈蹲连贯，肩松抡臂立圆，全蹲、屈肘拍地短促有力。

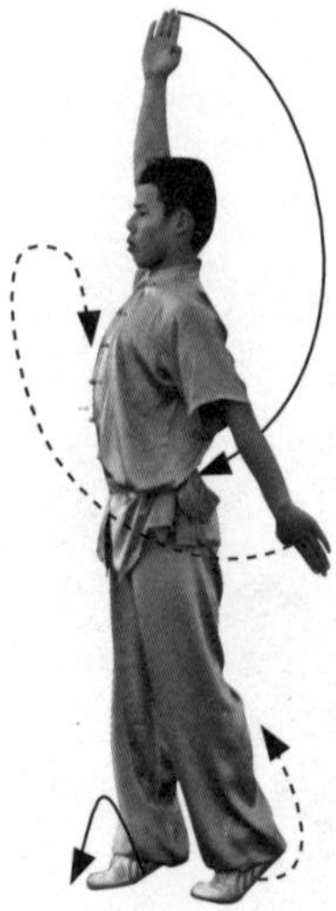

图 57

20. 震脚按掌

（1）接上势，身体右转 90°，重心上升；两脚跟抬起，前脚掌着地；同时，左臂向下经体左侧向前摆动，右臂向下经体右侧向前上摆起；目视前方。（图 57）

（2）身体继续右后转 90°；右臂随转体由上向后立圆摆至身体右腰侧抱拳，拳心向上；左臂随转体向前、向上摆起下落至体前，掌心向下，指尖向右；同时，右腿屈膝抬起向左脚内侧用力下落震踏；左腿屈膝抬起，脚面绷平贴扣于右膝腘窝处；目视前方。（图 58）

图 58

要点：

以髋为轴，转身协调，转身震脚与抱拳按掌同时完成。

21. 弓步冲拳

（1）接上势，左脚向前上步，左腿屈膝前弓，右腿伸直，成左弓步；同时，右拳内旋向前冲出，拳心向左，拳面向前，高与肩平；左掌变拳随左臂屈肘收于左腰侧，拳眼向上；目视前方。（图 59）

（2）右腿屈膝，上体微右转，成马步；同时，左前臂内旋，左拳向前冲出，拳眼向上，拳面向前；右臂外旋屈肘，右拳收于右腰侧；目视前方。（图 60）

图 59

图 60

（3）身体右转 90°；左脚跟外展，左腿伸直，右脚跟内转，右腿屈膝前弓，成右弓步；同时，右臂内旋，右拳向前冲出，拳眼向上，拳面向前，高与肩平；左臂动作不变；目视前方。（图 61）

图 61

要点：

弓出腿大腿成水平，后腿挺膝蹬直，全脚着地；两手立冲拳迅捷。

图 62

22. 横裆步亮掌

(1) 接上势，左腿支撑，右腿提膝；身体左转180°；同时，两拳变掌，右掌随转体向左平行砍掌，左臂屈肘收回，两掌交叉于胸前；目视两手。(图 62)

(2) 右脚落于左脚外侧，右腿屈膝半蹲，左脚贴扣于右膝腘窝处；随即左脚向左侧横铲一步，成左横裆步；同时，两手由下向上、向左右两侧撩掌，高与肩平；随即右手随右臂屈肘抖腕成亮掌，掌心斜向上，左掌成钩手，钩尖向下；目视前方。(图63、图 64)。

图 63

图 64

要点：

两脚内扣，重心落于髋部，右掌、前臂撑圆，左手屈腕，五指撮拢。

23. 踢腿撩掌

（1）接上势，重心上升右移至右腿；同时，两臂由两侧向上直臂摆起上举交叉，右手在外，左手在内，掌心向内；随即左脚向右脚并拢，两腿屈膝全蹲；两臂屈肘交叉下落于胸前；目视两手。（图65、图 66）

图 65

图 66

（2）右腿伸直支撑，左腿斜踢于左耳侧；同时，右手随踢腿沿大腿外侧至左脚外侧贴身上撩于脑后，左掌向下、向左侧撩掌；目视左前方。（图67、图 68）

图 67

图 68

要点：

斜踢腿的同时右掌沿左腿髋外侧上撩，身体中正，开肩扬臂协调一致。

图 69

24. 跳提膝钩手推掌

（1）接上势，左腿下落于右腿内侧，两腿屈膝并拢；同时，右臂由上向下、左臂由后向前交叉于两膝前，右手在下，掌心向上，左掌心向下；目视前下方。（图 69）

（2）两脚蹬地跳起腾空，右腿提膝收于腹前；同时，右掌变钩由下向后上摆，略高于肩；左掌前推，高与肩平，力达小指一侧；目视前方。（图 70）

图 70

要点：

腾空提膝过腰，上体正直，钩手、推掌完整一致。

25. 腾空箭弹

（1）接上势，左脚落地，右脚上步，上体保持不变，随即左右脚上步；目视前方。（图71—图73）

图71

图72

图73

⑵ 左腿提膝；右钩变掌由下向前托出，掌心向上，左掌变拳收回于左腰侧，拳心向上；随即右脚蹬地腾空弹腿；同时，右掌变拳收回于右腰侧，拳心向上；左拳变掌向前推出，掌心向前，力达小指一侧；目视前方。（图74、图75）

图74

图75

要点：

上体直立，腾空弹腿收髋由屈到伸达于水平，弹腿、推掌完整一致。

26. 插步双摆掌

（1）接上势，左脚下落，右脚上步，上体保持不变；随即左脚先上步，重心左移，身体左转，右脚再上步；同时，右拳变掌，两掌向下、向左上摆起，掌指均向上；目视左掌。（图 76—图 78）

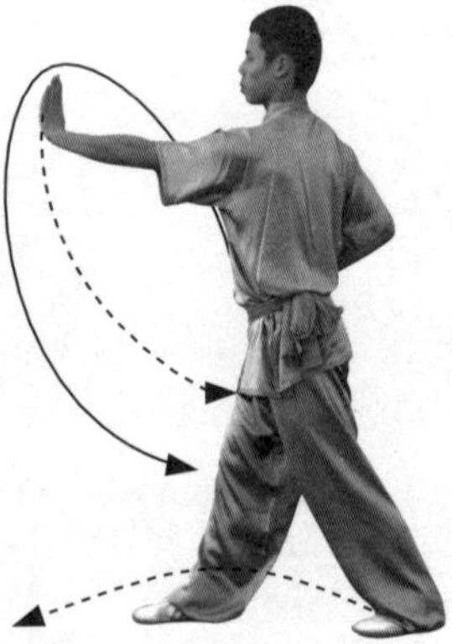

图 76

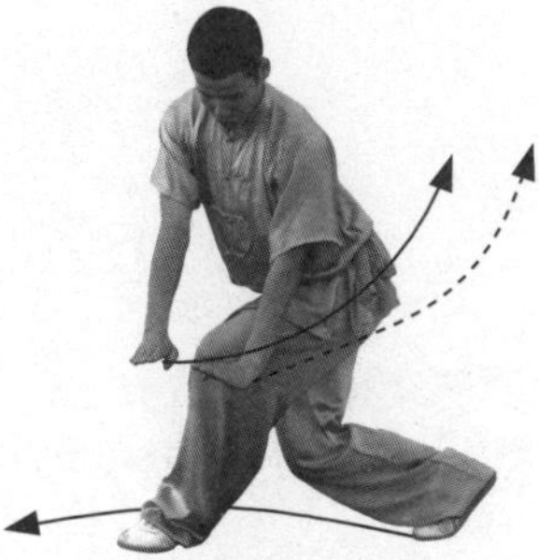

图 77

图 78

⑵ 左脚向右腿后插步，前脚掌着地；上体右拧；同时，两臂继续由左向上、向右摆于身体右侧，均成立掌，左掌停于右肘窝处；目视右掌。（图 79）

图 79

要点：

两臂要划立圆，幅度要大，摆掌与后插步配合一致。

27. 弓步钩手推掌

接上势，重心后移于左腿，右腿提膝；随即右脚后撤一步，左腿屈膝前弓，成左弓步；同时，右掌收至右腰侧，随即成立掌向前推出，力达小指一侧；左掌向下、向后伸直摆动成钩手，钩尖向上；目视右掌。（图 80、图 81）

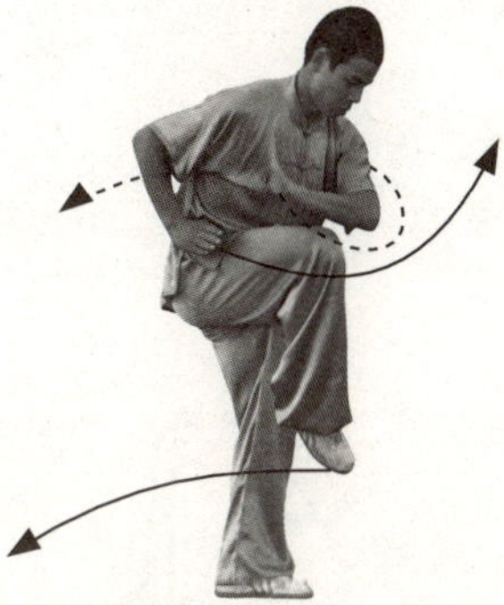

图 80

图 81

要点：

退步和推掌协调一致，推掌发力顺肩，右腿蹬伸。

28. 跳转身仆步切掌

（1）接上势，左右腿伸直，上体前俯；随即上体直立，重心移至左腿，右前脚掌着地；同时，右掌从下向上挑于头上方，掌心向里；左钩手置于身体左侧，钩尖向上；目视前方。（图 82、图 83）

图 82

图 83

⑵ 左脚蹬地跳起腾空，身体右后转 180°，右脚落地；随即右腿屈膝全蹲，左腿平铺前伸，成左仆步；同时，右掌从右向下直臂绕行，左臂屈肘后向上直臂弧形绕行至头上方；随即右臂由后向上立圆绕行一周向下切掌，掌指向前，左臂继续由上向右直臂弧形绕行，至右侧方屈肘置于右腋下屈腕，掌指向上；目视左前方。（图 84—图 86）

图 84

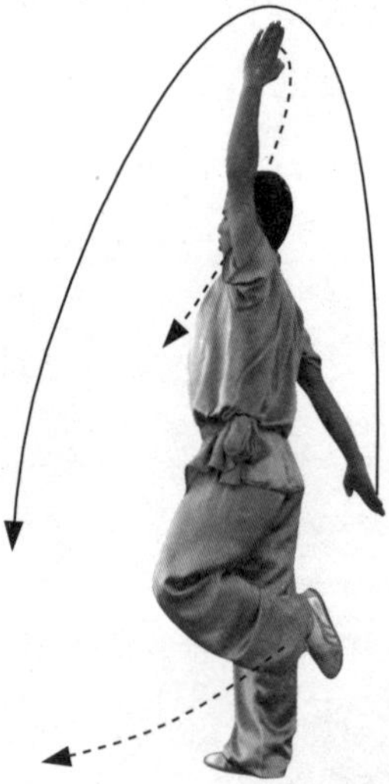

图 85

图 86

要点：

腾空时两臂抡动要肩松、立圆，动作连贯。

图 87

29. 弓步架冲拳

（1）接上势，身体右转；左腿伸直蹬地支撑，右腿屈膝抬起，小腿内收，右脚贴靠左腿；同时，左臂经左向上摆至右侧体前，右掌变拳由后向上弧线摆至右腰侧；目视前下方。（图 87）

⑵ 右脚向右前落步，右腿屈膝前弓，左腿伸直，成右弓步；同时，左手从体左侧上撑至头上方，掌心向上；右拳向前冲出，拳眼向上，高与肩平，力达拳面；目视前方。（图 88）

图 88

要点：

弓腿时膝与脚背垂直，大腿保持水平，后腿扣脚蹬直，立拳前冲与弓步协调一致。

30. 弓步贯拳

接上势，重心左移，成马步，上体微右转后向左侧倾；同时，左掌、右拳收至左右腰侧，左臂向左前伸直，右拳经前向左弧形摆至头部左前上方与左掌心相击，拳眼向下，力达拳面；目视右拳。（图 89、图 90）

图 89

图 90

要点：

弓腿时膝与脚背垂直，大腿保持水平，展体带臂，后腿扣脚蹬直。

31. 后扫腿

接上势，上体右转前俯；左腿屈膝下蹲，右腿平铺，成右仆步；随即以左脚掌为轴，右脚尖内扣，脚掌擦地向后平扫一周 360°，力达踝关节外侧；同时，右拳变掌，两掌向右腿内侧地面插落，两掌推地，两臂随转体摆至体前；目视下方。（图 91）

图 91

要点：

收髋、挺膝，左脚脚跟提起全蹲旋转，右腿挺膝扫转，脚掌不离地。

32. 仆步亮掌

接上势，上体右转微前倾；左腿全蹲，右腿平铺接近地面，成右仆步；同时，左臂撑圆亮掌上举；右臂内旋后举，右手成钩，钩尖向上；目视右侧。（图 92）

图 92

要点：

挺胸、塌腰、右拧，亮掌、钩手配合要完整一致。

第三段

33. 正踢腿

(1) 接上势，重心左移；同时，右钩变掌由后经前向左摆至左膝前，掌心向里；左掌下落贴至右肘内侧；目视左下方。（图 93）

图 93

⑵ 重心上升并移至右脚，左脚上步；同时，右臂由下向后上立圆抡臂至头右上方，掌心向内；左臂由下向上立圆抡臂至身体左后侧，掌心向里；目视前方。（图 94、图 95）

图 94

图 95

(3) 上动不停，重心移至左脚，右腿伸直，脚尖勾起，向额前正踢腿，随即右脚落步并至左脚；同时，右臂向下成反臂钩手，钩尖向上；左臂向上成亮掌，掌心向前上方；目视前方。（图 96、图 97）

图 96

图 97

要点：

左腿直立，收髋勾脚，右腿前踢至前额，力达脚尖。

34. 燕势平衡

（1）接上势，右脚上步，随即左脚收至右脚内侧，脚尖点地后两腿屈膝半蹲；同时，两掌向内收至胸前交叉，右掌在外，左掌在内，两掌心均向外，指尖向上；目视前方。（图 98、图 99）

图 98

图 99

(2) 上体前俯；右腿伸直独立支撑，左腿屈膝向后抬起，再向后上方伸直，脚面绷平，脚高于头；同时，两掌向左右两侧分开，高与肩平，掌心向外，指尖斜向上；头微上仰，目视前方。（图 100）

注：燕势平衡属持久性平衡，静止时间不得少于2秒钟。

图 100

要点：

右腿直立，上体前倾呈水平，塌腰、收臀，力达腰背。

35. 弓步十字拳

(1) 接上势，左脚向前落步，身体前俯；随即左脚蹬地腾空，右腿屈膝上提，左腿垂直；同时，两臂向下、向里摆至体前交叉，两掌心向内；随即左掌向右经上向左侧立圆划弧，右掌向下、向右上划弧；目视前方。（图 101、图 102）

图 101

图 102

(2) 左脚先下落，随即右脚向前落步，右腿屈膝半蹲，左腿伸直，成右弓步；上体右转；同时，左掌向下经左向右划弧摆至右肩前；右掌变拳从体左侧由下向右摆至身体右侧，拳眼向上，高与肩平；目视右后方。（图 103、图104）

图 103

图 104

（3）上体左转；同时，左掌变拳，随左臂由屈到伸向身体左侧冲出，拳眼向上，高与肩平，力达拳面；目视左前方。（图 105）

图 105

要点：

上肢动作幅度大舒展，先向右后摆拳，后再左冲拳；下落动作轻巧，弓步稳固，上下肢动作协调配合。

图 106

36. 弓步左冲拳

(1) 接上势，右弓步不变；右拳变掌，由右向上经头顶按于左肩内侧，手指向上；目视左侧。(图 106)

⑵ 右掌经左前臂上方向前、向下弧形按转一周；同时，左拳后收再向前冲击，高与肩平，拳眼向上，力达拳面；右掌附于左肘内侧；目视左侧。(图 107)

图 107

要点：

弓腿时膝与脚背垂直，大腿保持水平，后腿扣脚蹬直，左拳右掌协调一致。

37. 提膝挑掌

接上势，重心右移，上体右转；左拳变掌由左向上至右，掌心向里，右掌变拳回收于右腰侧；随即身体左转，重心左移；左腿直立，右腿屈膝上提；同时，左掌由右向下立圆抡臂摆至左腰侧；右拳变掌前伸，由下向左划弧上挑，力达小指一侧；目视右前方。（图 108—图 110）

图 108

图 109

图 110

要点：

转身提膝快速敏捷，支撑稳定；收左拳、挑右掌协调一致。

38. 弧形步

（1）接上势，上肢动作不变；右脚向右前落地外摆，右腿屈膝前弓，左腿自然伸直；随即左脚向前上步内扣，重心前移，右脚跟提起，两腿微屈；目视右前方。（图 111、图 112）

图 111

图 112

⑵ 上肢动作不变；右脚、左脚继续向右前弧形上步，右脚尖外摆，左脚尖内扣；身体随上步右转；目视右掌前方。（图113、图114）

图 113

图 114

要点：

右腿屈膝前弓，左腿屈膝上步，重心前移平稳，向右前弧形步连绵不断，步行身随。

39. 扣腿双摆掌

接上势，右脚前抬回落至身体右后方，左腿屈膝提起；左脚扣于右膝腘窝处，右腿屈蹲支撑；同时，左拳变掌由后下、向前上弧形上挑；随即两掌由左侧向上、向右弧形摆举，右臂伸直，左臂屈至右肩前，手指均向上，摆掌力达小指一侧；目视右手。（图 115、图 116）

图 115

要点：

右腿屈膝半蹲接近水平，左腿脚尖勾起紧扣于右膝腘窝处；上体直立，右肘关节微屈。

图 116

40. 击步劈打

（1）接上势，左脚向左侧踏出一步，上肢动作不变，两腿弯曲；随即右脚蹬地腾空击碰左脚，右脚、左脚依次落地，两腿弯曲，成马步；目视右侧方。（图 117—图 119）

图 117

图 118

图 119

（2）身体左转，重心左移；左脚蹬地腾空垫步，随即右脚上步；同时，左掌经胸前向左上横抹，右手由后经上弧形向前下抡劈；随即左手由前向下弧形抓握，两臂交叉于左腹前；目视两掌。（图120—图122）

图120

图 121

图 122

要点：

抡劈掌由上向下呈立圆，肩松、步活，动作开合舒展。

41. 弓步靠掌

接上势，左腿蹬伸转髋伸直，左脚内扣，右腿屈膝前弓，成右弓步；身体右转；同时，右臂伸直，由下经左弧形向右上靠挑，掌心向上，力达右臂外侧；左手左下举，臂成斜形，掌心向下，掌指斜向右前；目视右手。（图 123）

图 123

要点：

劲力顺达，转髋带臂，上下肢配合协调一致。

42. 弓步双钩手

接上势，身体左转，重心左移；左腿屈膝前弓，成左弓步，上体微前倾；同时，右臂随转体由右经上向下、向后反臂钩手，左手经下向后反臂后撑成钩手；目视前方。（图124）

图124

要点：

转身以髋为轴，两臂后举，钩尖向上，挺胸立腰。

43. 垫步蹬腿

右腿屈膝提起，随即右脚跟向前蹬伸，脚尖向上；左脚向前跳进一步，左腿微屈；同时，右钩变拳，由后经下向上直臂摆挑至头右上方；左钩变掌，直臂向前推击，手指向上，力达小指一侧；目视前方。（图 125）

图 125

要点：

垫步快速，右腿蹬至水平，收髋立身，上下配合协调完整。

44. 弓步劈拳

接上势，右脚向前落地，右腿屈膝前弓，成右弓步；同时，右拳由上向前下劈打，直臂，高与肩平，拳眼向上；左手托至右前臂；目视前方。(图 126)

图 126

要点：

劈拳、托掌协调用力，完整一致。

图 127

45. 马步托打

（1）接上势，左脚蹬地，重心前移，左脚贴扣至右膝腘窝处；身体微右转；同时，左掌心向上，向体前平托；右拳收于右腰侧，拳心向上；目视左手。（图 127）

（2）左脚向左侧落地，两腿屈膝半蹲，成马步；同时，右拳前冲，直臂，高与肩平，拳眼向上；左掌由前向上收至右肩内侧，掌指向上；目视前方。（图 128）

图 128

要点：

上托掌要敏捷，眼随手动，冲拳快速，落步协调。

46. 插步抓肩

接上势，右脚蹬地，重心左移，右脚沿左腿后向左插步，前脚掌着地，脚跟提起，两腿交叉弯曲；身体左转；同时，左掌变钩，反臂后举，钩尖向上；右手由前向上、向左抓握左肩；目视左侧。（图 129）

图 129

要点：

上体直立，抓握有力，步法轻灵敏捷。

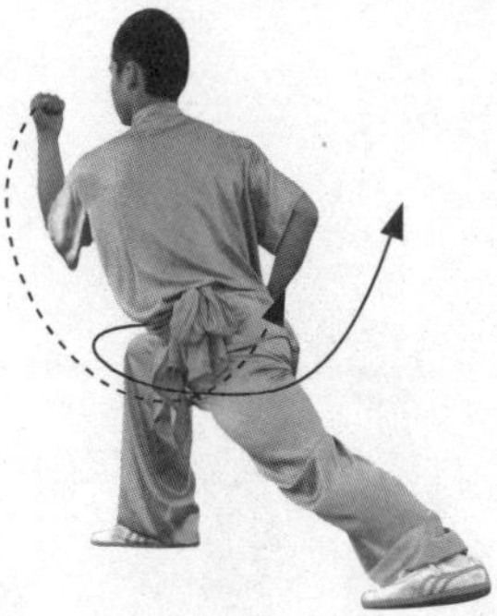

图 130

47. 马步架打

（1）接上势，重心右移，身体右转；左脚向左横迈一步，右腿屈膝前弓，成右弓步；同时，左钩手变拳，由后下经体前向右上弧形格肘，拳心向内；右掌变拳收回至右腰侧；目视左拳。（图 130）

图 131

(2) 右脚蹬地，身体左转，左腿屈膝前弓，成左弓步；同时，右拳向左冲出，直臂，高与肩平，拳眼向上，拳心向左；左拳收回左腰侧，拳心向上；目视右拳。（图 131）

(3) 左脚蹬地，重心右移，身体右转，成马步；同时，右臂向上横架，拳眼斜向下；左拳向左侧冲击，直臂，高与肩平，拳眼向上；目视左侧。(图 132)

图 132

要点：

动作连贯不停顿，转换快速协调，力点准确顺达。

第四段

48. 提膝架掌

接上势，重心右移；右腿直立，左腿屈膝提起；同时，左右拳变掌由上下落于右腰侧，上体微右转；随即上体左转，随提膝右掌向右上方推出，右臂撑圆，掌心向上；左掌向左推出，高与肩平，掌心向左，力达小指一侧；目视左侧方。（图133、图 134）

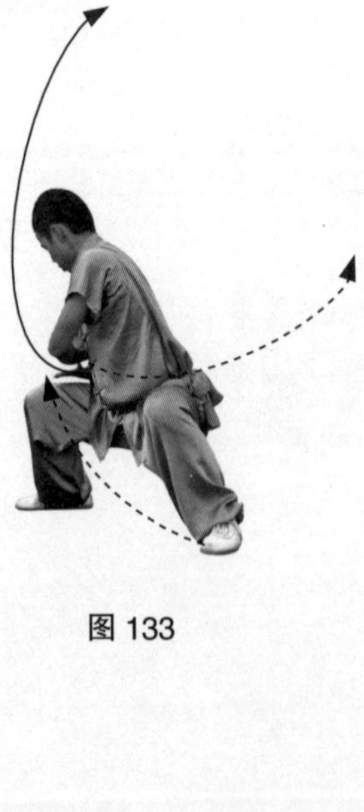

图 133

图 134

要点：

立身转腰，左腿提膝时小腿内扣，气息下沉，独立支撑稳固。

图 135

49. 提膝冲拳

（1）接上势，左脚向左前方落步，脚尖外展；随即右脚向前上步；上体左转；同时，右掌变拳收至右腰侧；目视左掌。（图 135）

(2) 身体左转；右腿直立，左腿屈膝提起；同时，右拳向右冲出，拳心向下，高与肩平；左掌收于右肩前成立掌；目视右拳。(图 136)

图 136

要点：

左腿提膝过腰，上体正直，冲拳顺达，力达拳面。

50. 旋子

(1) 接上势，身体左转 90°；左脚向左落步，脚尖微外展；两臂向两侧平摆，两掌心均向下；随即右脚向左前方上步，脚尖内扣，身体继续左转 180°；两臂随转体继续平摆；目视前方。（图 137、图 138）

图 137

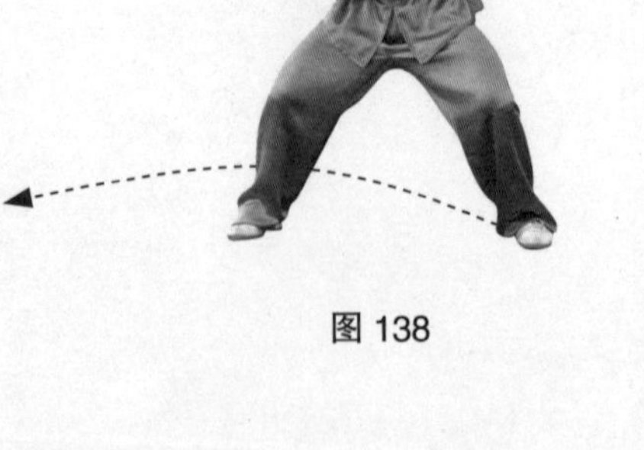

图 138

⑵ 身体左转 90°；左脚向右后方撤步，前脚掌着地，重心移至右腿屈膝；随即上体向左后拧转前俯，左脚蹬地腾空，右脚向后上摆起，左腿随之摆起；两臂随腾空向左后平摆；头上仰，目视前方。（图 139、图 140）

图 139

图 140

要点：

起跳转身提髋，空中腿伸直展体，塌腰仰头。

图 141

51. 坐盘

（1）接上势，右脚先下落，左脚随后落于右腿后方；两臂随之下落。（图 141）

⑵ 身体向左后转 360°；两腿交叉叠拢下坐，臀部和右腿的大小腿外侧及脚面均着地；同时，两臂随转体向左平摆至右胸前，两掌十字交叉，右掌在外，掌尖均向上；头向左转，目视左方。(图 142)

图 142

要点：

左腿屈膝，在右腿上方横盘贴近胸部，身体前倾向左拧转、塌腰。

52. 外摆腿击响

(1) 接上势，重心上升，左右脚并步，身体直立；同时，右掌下摆至腹前在外，掌心向里；左掌摆至右腋下；目视右下方。(图 143)

(2) 右脚向右前方上步，重心前移；同时，左掌向左撩出，高与肩平，掌心向外；右掌经前下向左上立圆撩至右侧，高与肩平，掌心向外；目视左掌。(图 144)

图 143

图 144

⑶ 左脚向前上步，重心前移，右脚前脚掌着地，同时，上体左转；右掌向下、向上挑至左肩前，两掌心向外；随即左腿伸直，右脚面绷平，向左、向上、向右摆动至面前时，左右手依次击拍脚面；目视右脚。（图 145、图 146）

图 145

图 146

（4）右脚下落，与左脚并步；同时，两掌分别落于左右侧，高与肩平，两掌心均向外；目视左侧。（图 147）

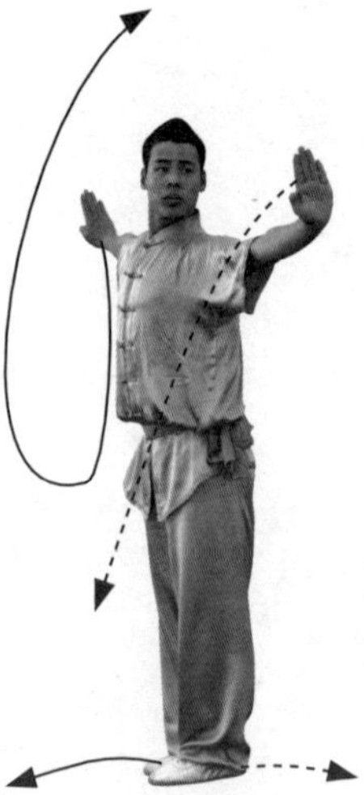

图 147

要点：

左腿直立，全脚着地；收腹展体，外摆腿击响过肩，击拍准确。

53. 打虎势

接上势，两脚外分，右腿屈膝前弓，左腿伸直，成右弓步；同时，右臂向下、向上内旋屈肘上撑，拳心斜向上；左臂内旋向下屈肘下撑，拳心向下；目视左前方。（图 148）

图 148

要点：

挺胸立身转腰，两臂撑圆，力达前臂外侧。

图 149

54. 弓步顶肘

（1）接上势，左脚蹬地，重心右移，右脚震地下踏，左腿屈膝后贴至右膝腘窝处；身体右转；同时，两拳变掌，右臂向右下摆至体右侧，臂伸直，掌心向上；左掌上挑至右胸前，掌心向下；目视右掌。（图 149）

⑵ 左脚向左侧落步，身体左转，左腿屈膝前弓，右腿伸直，成左弓步；同时，左掌变拳，右臂屈肘，右掌心贴于左拳面，助推左肘尖向左侧顶出；目视前方。（图 150）

图 150

要点：

弓腿时膝与脚背垂直，大腿保持水平，后腿扣脚蹬直，松腰转髋，力达肘尖。

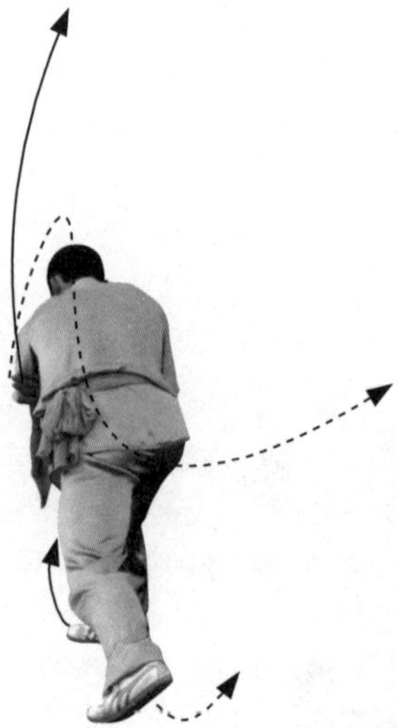

图 151

55. 抡臂砸拳

（1）接上势，重心上升，身体右转；右腿支撑，左脚向右收回，前脚掌着地；同时，右臂屈肘下落至右腰侧；左拳变掌，随即左臂前伸下落，经体前立圆摆至右臂上方；目视左掌。（图 151）

⑵ 身体左转；左脚跟内转落实，重心移至左腿，右腿屈膝上提；同时，左臂向上、向左立圆摆至左侧，与肩同高，掌指向上；右臂经腹前向右、向上立圆摆至头部右上方成拳，拳面向上；目视前方。（图 152）

图 152

（3）左右脚蹬地下落震踏，两腿屈膝半蹲；同时，左臂摆至腹前，掌心向上；右臂屈肘，右拳背向下砸击左掌心；目视右拳。（图 153）

图 153

要点：

收腹立身，右拳五指卷紧，拳面要平，砸拳完整准确。

图 154

56. 虚步挑掌

(1) 接上势，重心上升，身体右转；右脚向右斜后方退步，随即左脚并至右脚；同时，右拳变掌上摆至头上方，掌心向上；左掌收至左腰后侧；目视前方。（图 154）

⑵ 右腿屈膝半蹲，左脚向左前方上步，脚尖着地，成左虚步；同时，右掌变钩手，下摆至右后上方，钩尖向下；左掌由下向上划弧挑至左膝上方，掌指向上，力达小指一侧；目视前方。（图 155）

图 155

要点：

立身挺胸塌腰，右腿屈膝下蹲松胯，左腿微内旋。

图 156

57. 转身云手

(1) 接上势，左脚撤步至右腿后侧，前脚掌着地；同时，左掌由下向上、右掌由上向下弧形合至腹前，两手腕交叉，右掌在上，掌心向下，左掌在下，掌心向上；目视两掌。（图 156）

图 157

（2）以左前脚掌为轴支撑拧转，身体左后转 180°，右脚随即贴扣至左膝腘窝处；同时，以腕关节为轴，两掌向左上方绞一腕花；目随视两掌。（图 157）

(3) 右脚向右侧落步，两腿屈膝，成马步；同时，两手腕交叉下落于腹前，左掌在上，掌心向下，右掌在下，掌心向上；目视两掌。（图 158）

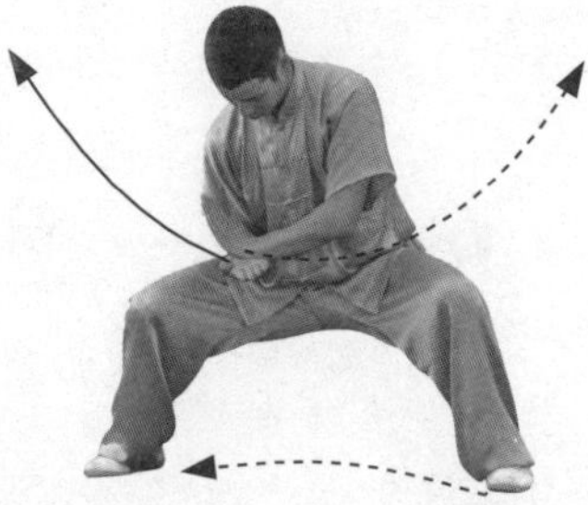

图 158

要点：

眼随手动，身随步活，转换柔顺。

58. 并步摆拳

接上势，左脚蹬地，身体右转，左脚向右脚迅速并拢，身体微左转；同时，左掌变拳，与右掌横撑至身体左右两侧，与肩同高；目视左前方。（图 159）

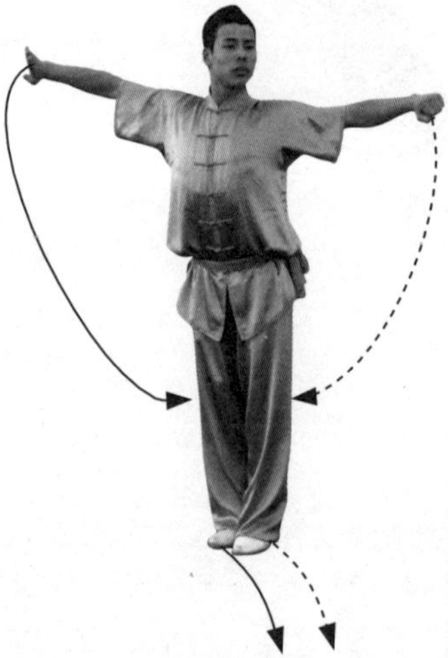

图 159

要点：

左脚向右脚并拢迅速，左右臂呈弧线向外格挡，两臂外撑。

59. 收势

接上势，左脚向左前方上步，右脚并至左脚；同时，两臂自然下落至身体两侧；目视前方。（图 160）

图 160

要点：

挺胸收腹，自然调息。

四、长拳套路动作运行路线示意图

第一段

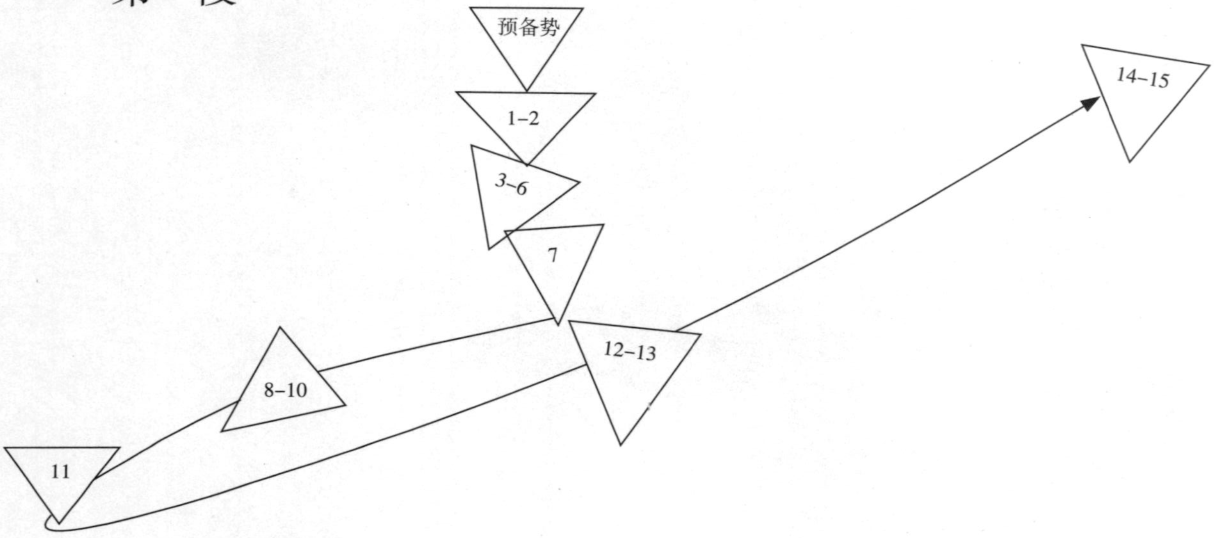

第二段

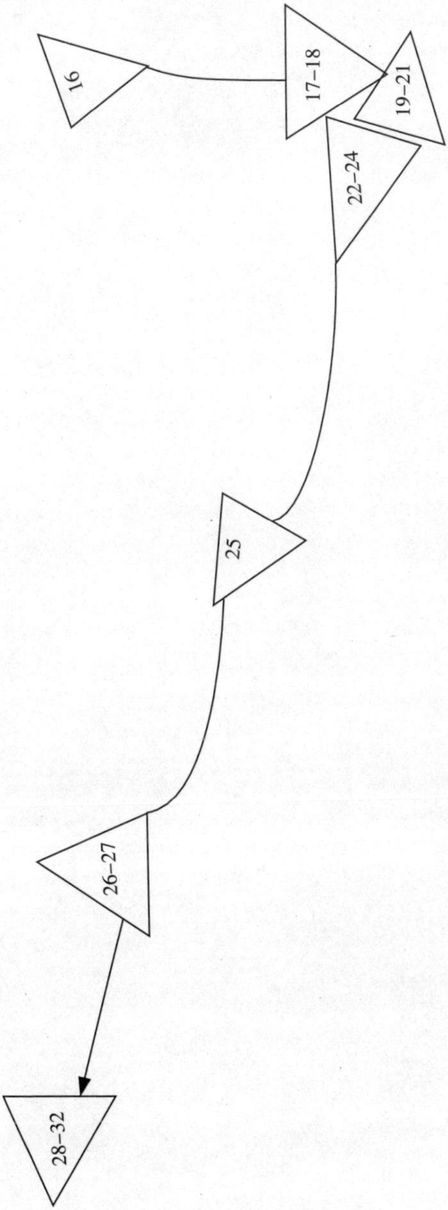

第三段

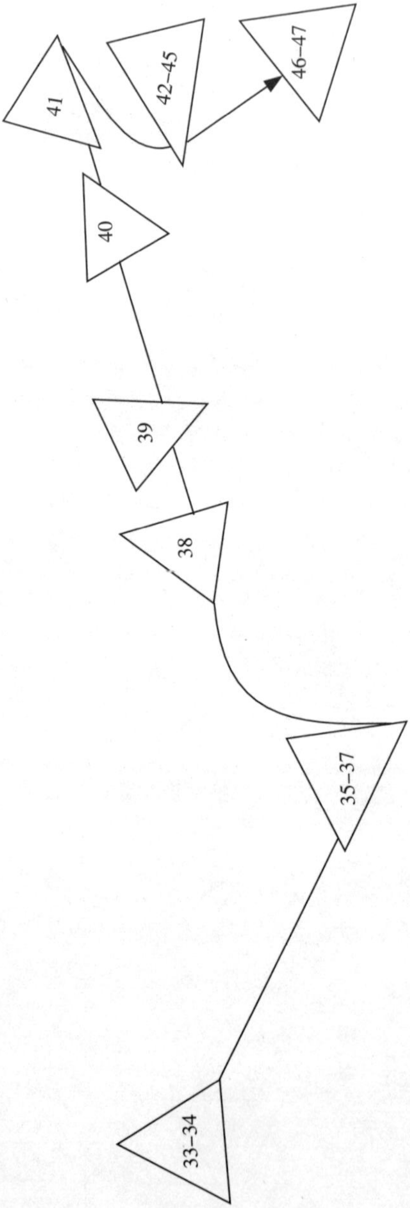

第四段

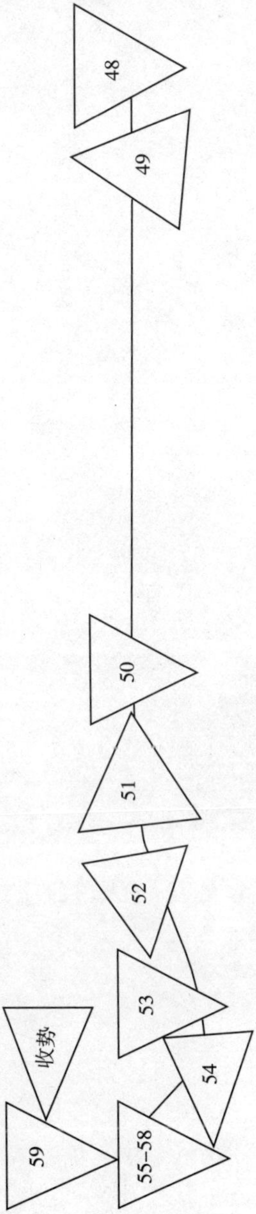

五、长拳套路动作连续演示图

图 1

图 2

图 3

图 4

图 5

图 6

图 7

图 8

图 9

图 10

图 11

图 12

图 13

图 14

图 15

图 16

图 17

图 18

图 19

图 20

图 21

图 22

图 23

图 24

图 25

图 26

图 27

图 28

图 29

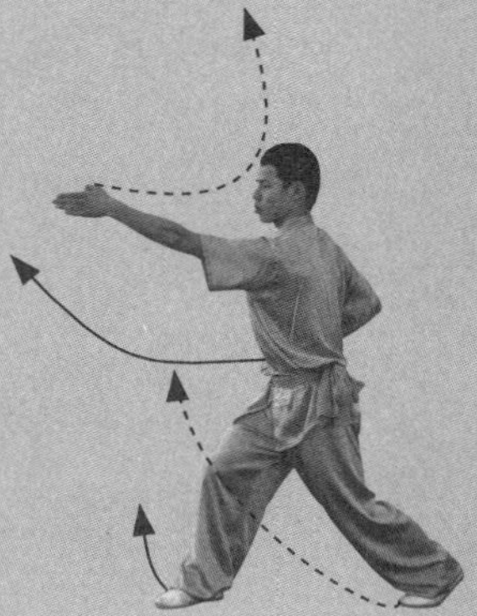
图 30

图 31

图 32

图 33

图 34

图 35

图 36

图 37

图 38

图 39

图 40

图 41

图 42

图 43

图 44

图 45

图 46

图 47

图 48

图 49

图 50

图 51

图 52

图 53

图 54

图 55

图 56

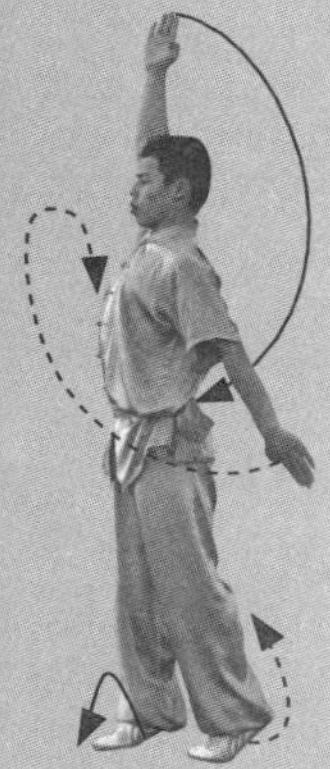

图 57

图 58

图 59

图 60

图 61

图 62

图 63

图 64

图 65

图 66

图 67

图 68

图 69

图 70

图 71

图 72

图 73

图 74

图 75

图 76

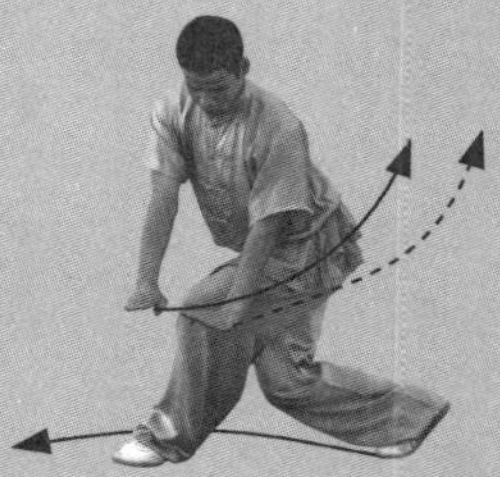
图 77

图 78

图 79

图 80

图 81

图 82

图 83

图 84

图 85

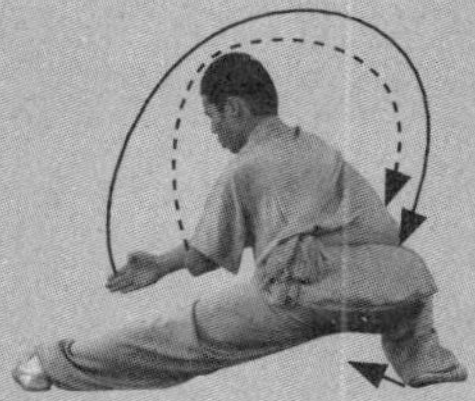
图 86

图 87

图 88

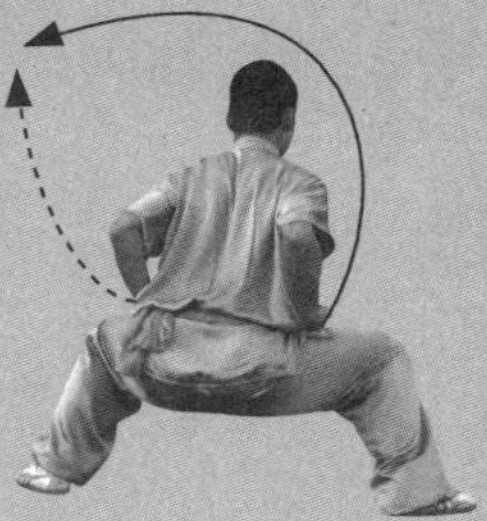
图 89

图 90

图 91

图 92

图 93

图 94

图 95

图 96

图 97

图 98

图 99

图 100

图 101

图 102

图 103

图 104

图 105

图 106

图 107

图 108

图 109

图 110

图 111

图 112

图 113

图 114

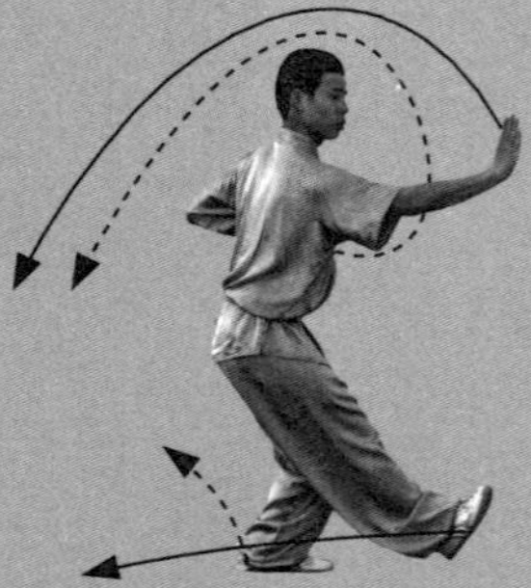

图 115

图 116

图 117

图 118

图 119

图 120

图 121

图 122

图 123

图 124

图 125

图 126

图 127

图 128

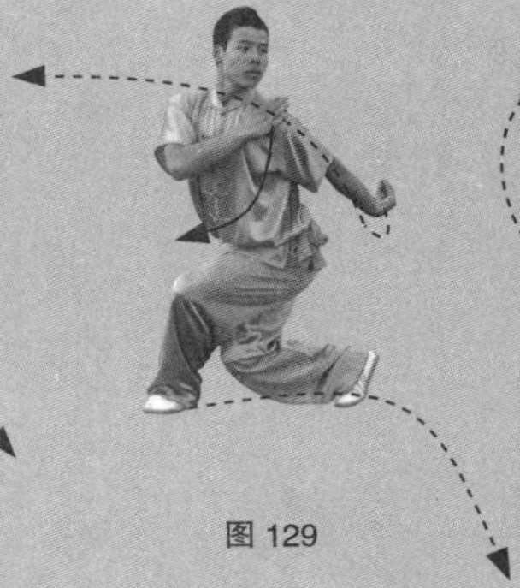
图 129

图 130

图 131

图 132

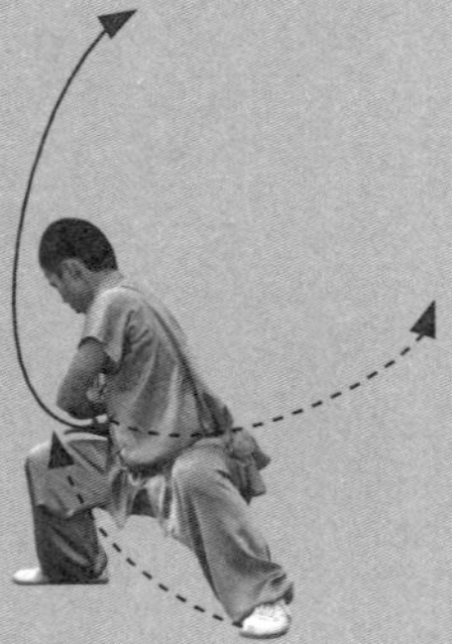

图 133

图 134

图 135

图 136

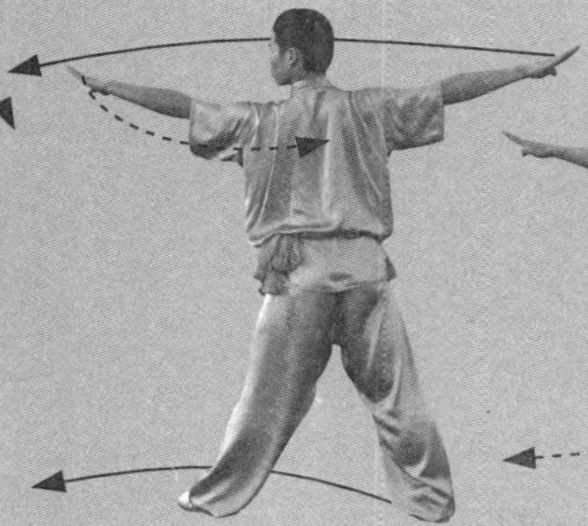
图 137

图 138

图 139

图 140

图 141

图 142

图 143

图 144

图 145

图 146

图 147

图 148

图 149

图 150

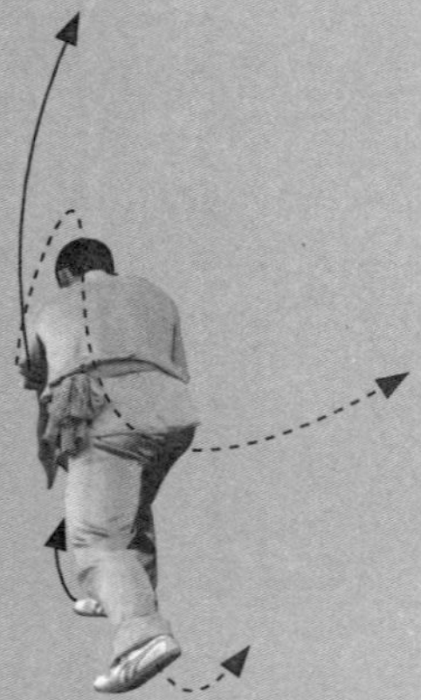

图 151

图 152

图 153

图 154

图 155

图 156

图 157

图 158

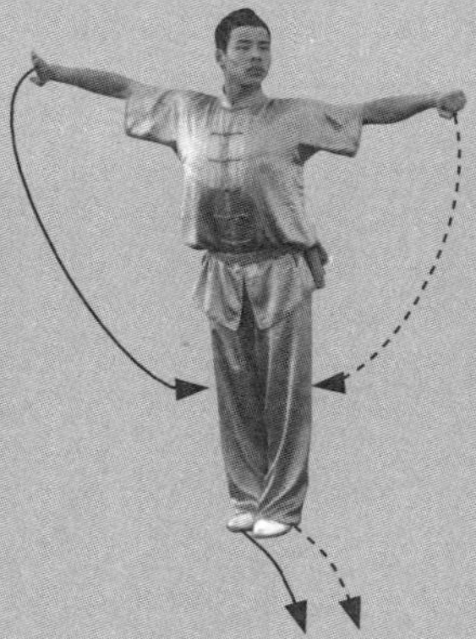

图 159

图 160